Impressum
Verlag: BABADADA GmbH, Nedderfeld 112 , 22529 Hamburg
Geschäftsführer / Verlagsleitung: Harald Hof
Druck: Books on Demand GmbH, In de Tarpen 42, 22848 Norderstedt

Imprint
Publisher: BABADADA GmbH, Nedderfeld 112 , 22529 Hamburg, Germany
Managing Director / Publishing direction: Harald Hof
Print: Books on Demand GmbH, In de Tarpen 42, 22848 Norderstedt

škola

school

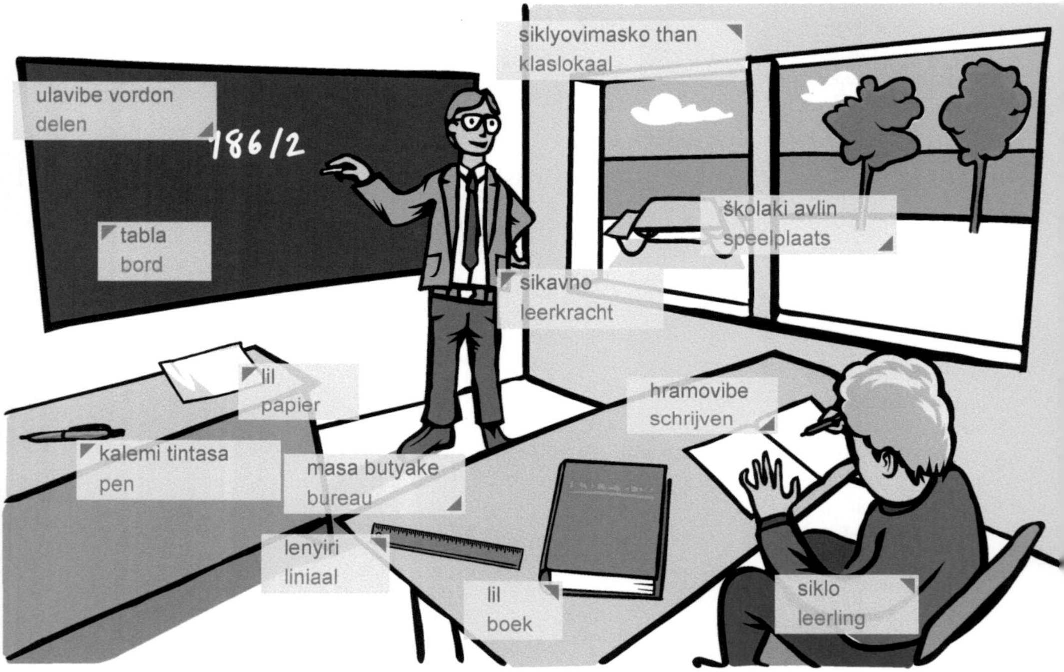
siklyovimasko than
klaslokaal
ulavibe vordon
delen
186/2
tabla
bord
školaki avlin
speelplaats
sikavno
leerkracht
lil
papier
hramovibe
schrijven
kalemi tintasa
pen
masa butyake
bureau
lenyiri
liniaal
lil
boek
siklo
leerling

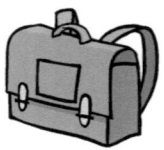

dumeski tašna

schooltas

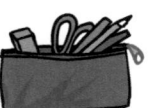

kalemengi kutia

pennenzak

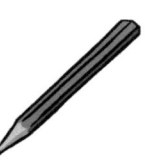

kalemi

potlood

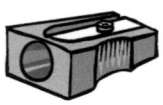

kalemengi čhurori

puntenslijper

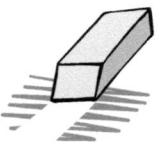

kosimaski guma

gom

čitrimasko bloko

tekenblok

čitribe

tekening

boyimaski frča

verfborstel

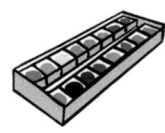

boyimaski kutia

verfdoos

kata

schaar

lepako

lijm

bukjardarimasko lil

werkboek

khereski buti

huiswerk

gendo

nummer

džide

optellen

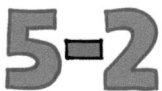

ikal

aftrekken

multiplicirin

vermenigvuldigen

kalkulirin

rekenen

hramome lil

letter

alfabeta

alfabet

lafo

woord

teksti

tekst

drabaribe

Lezen

kreda

krijt

lekciya

les

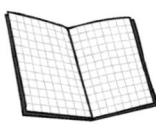

Klasesko registro

klassenboek

egzameni

examen

sertifikato

certificaat

školaki uniforma

schooluniform

edukacia

onderwijs

enciklopedia

encyclopedie

univerziteto

universiteit

mikroskopo

microscoop

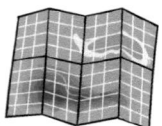

mapa

kaart

korpa čhudimaske lila

papiermand

hoteli
hotel

Grand

Lǎchi blevel!
jeugdherberg

Lǎchi blevel!
jeugdherberg

biro baši devize
wisselkantoor

koferi
koffer

vordon
auto

ćhib

Taal

va / na

ja / nee

Okay

oké

Namaste

hallo

tumǎči

vertaler

Ov sasto

bedankt

Kozom si...?

Hoeveel kost ...?

Na havava

Ik begrijp het niet

problemo

probleem

Lachi rat!

Goedenavond!

Lachi javin!

Goedemorgen!

Lachi rat!

Goedenavond!

ačhon Devlesa

Tot ziens

dromeski sikavin

richting

bagaži

bagage

gono

zak

dumesko gono

rugzak

misafiri

gast

kamara

kamer

sovimasko gono

slaapzak

cerha

tent

turistikani informacia

toeristeninformatie

plaža

strand

kreditno kartica

kredietkaart

javinako habe

ontbijt

kušluko

lunch

ratyako habe

avondeten

karta

ticket

elevatori

lift

marka

postzegel

simantra

grens

adetia

douane

ambasada

ambassade

viza

visum

pašaporti

paspoort

transporti
transport

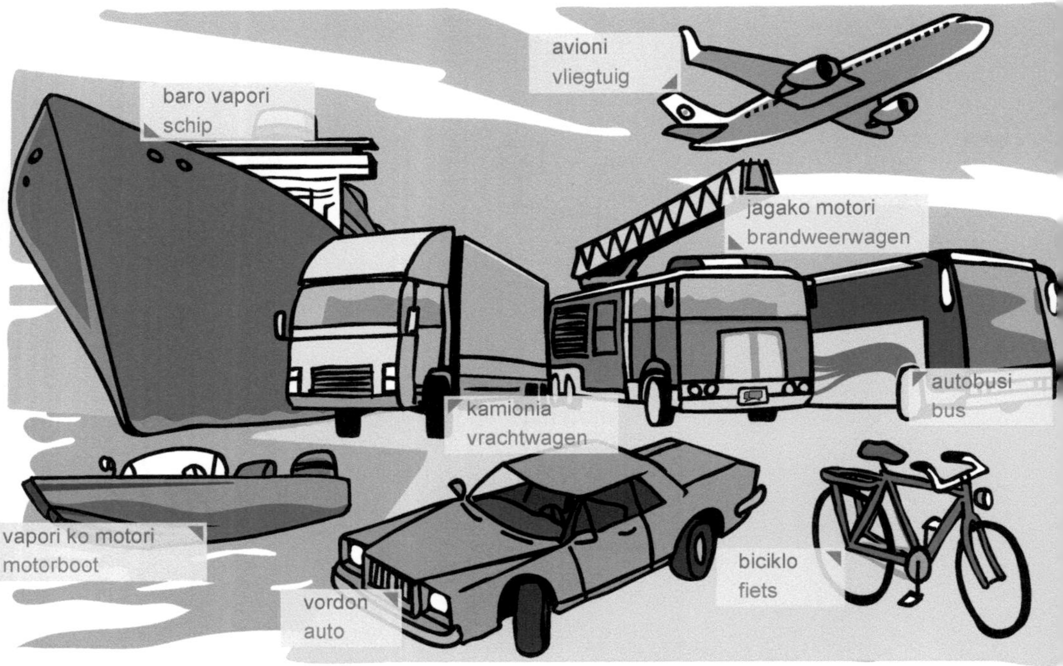

avioni
vliegtuig
baro vapori
schip
jagako motori
brandweerwagen
autobusi
bus
kamionia
vrachtwagen
vapori ko motori
motorboot
biciklo
fiets
vordon
auto

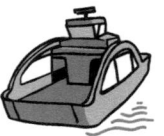

feri vapori

veerboot

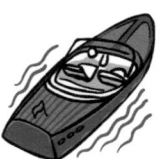

vapori

boot

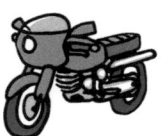

motorciklo

motor

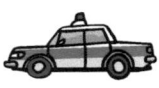

policiako vordon

politiewagen

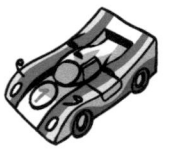

prastamasko vordon

racewagen

rentakar

huurauto

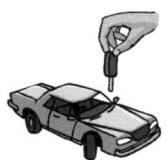

ulavibe vordon

carpoolen

rumosardo kamioni

sleepwagen

kamionengo than

vuilniswagen

motori

motor

petroli

benzine

petrolesko stasioni

benzinestation

trafikoskere išaretia

verkeersbord

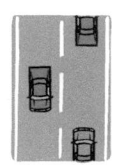

trafiko

verkeer

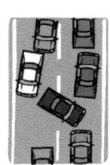

baro trafiko

file

vordonesko parkirimasko than

parkeerplaats

pampurengo stasioni

station

kamionia

sporen

pampuri

trein

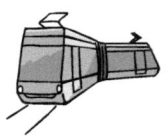

tramvaj

tram

vagoni

wagon

helikopteri
helikopter

aeroporti
luchthaven

kula
toren

dromarutno
passagier

kontejneri
container

kartoni
karton

vordonoro
kar

sevli
mand

urjalipasko starto /
urjalipasko agor
opstijgen / landen

diz
stad

gav
dorp

dizyako centro
stadscentrum

kher
huis

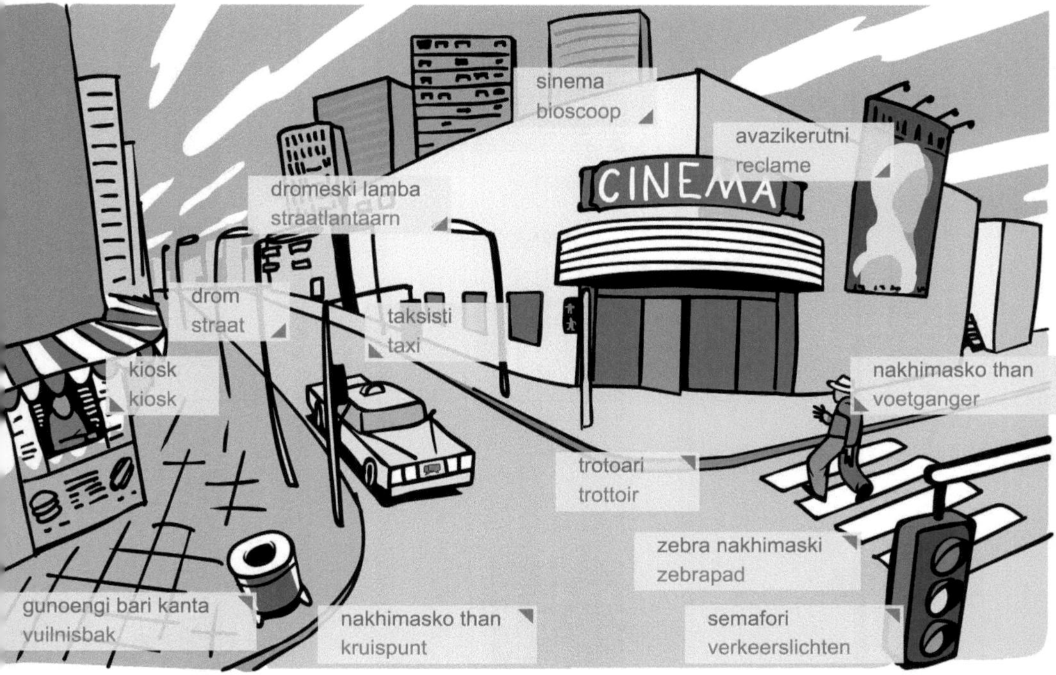

sinema
bioscoop

avazikerutni
reclame

dromeski lamba
straatlantaarn

CINEMA

drom
straat

taksisti
taxi

kiosk
kiosk

nakhimasko than
voetganger

trotoari
trottoir

zebra nakhimaski
zebrapad

gunoengi bari kanta
vuilnisbak

nakhimasko than
kruispunt

semafori
verkeerslichten

koliba

hut

apartmani

woning

pampurengo stasioni

station

dizyaki sala

stadshuis

muzeji

museum

škola

school

univerziteto

universiteit

banka

bank

hospitalo

ziekenhuis

hoteli

hotel

apoteka

apotheek

ofiso

kantoor

lil bikinimasko than

boekwinkel

dukyano

winkel

lulugengo bikinutno

bloemenwinkel

supermarket

supermarkt

kurko

markt

baro bikinimasko kher

warenhuis

mačhengo astarutno

vishandelaar

kinimasko centro

winkelcentrum

vaporengo ačhovimasko than

haven

parko

park

klupa

bank

purt

brug

merdevenya

trap

metro stasioni

metro

tuneli

tunnel

autobuseski adžikerin

bushalte

bar

bar

restorani

restaurant

poštako mohto

brievenbus

dromesko išareti

straatnaambord

parking than

parkeermeter

zoo

zoo

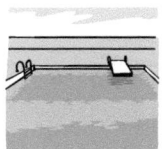

nangyovimasko bazeni

zwembad

džamiya

moskee

farma
boerderij

melalipe
milieuverontreiniging

limorengo than
kerkhof

khangeri
kerk

khelimasko than
speelplaats

hramo
tempel

pejzaži
landschap

patrin
blad

išareti
wegwijzer

drom
weg

livazin
weide

bar
steen

kašt
boom

phiravno
wandelaar

len
rivier

čar
gras

luludi
bloem

harno than

vallei

bairi

heuvel

devrijal

meer

veš

bos

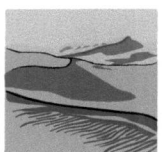

mulano than

woestijn

vulkano

vulkaan

saraji

kasteel

renkali badalin

regenboog

gaba

paddenstoel

palma kašt

palmboom

sivrija

mug

mak

vlieg

karandža

mier

birumni

bijl

pauko

spin

buba

kever

žamba

kikker

ververica

eekhoorn

kanzauri

egel

šošoj

haas

buf

uil

pakšin

vogel

lebedi

zwaan

bali

wild zwijn

eleno

hert

eleno

eland

pani garavin

dam

bavlalaki turbina

windturbine

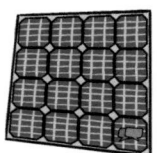

solarno paneli

zonnepaneel

klima

klimaat

kelneri
ober

menije
menu

sandaliya
stoel

čorba
soep

pica
pizza

poftaneski salfetka
tafelkleed

habasko alati
bestek

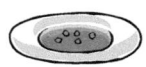

avgo habe
voorgerecht

šerutno habe
hoofdgerecht

gudlimata
nagerecht

piiba
drankjes

habe
eten

šiša
fles

fast food

fastfood

sokakongo habe

street food

čajniko

theepot

šekereskoro čaroro

suikerpot

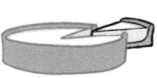

porcia

portie

makina vaš espresso

espressomachine

uči sandaliya

kinderstoel

esapi

rekening

apladiya

dienblad

čhuri

mes

vilyuška

vork

roj

lepel

čajeski roj

theelepel

salfetka

serviette

tahtai

glas

čaro

bord

čaro čorbake

soepbord

hor čaro

schoteltje

sosi

saus

londesko čaroro

zoutvatje

kale biberesko pišlo

pepermolen

šut

azijn

zejtini

olie

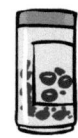

začinia

kruiden

kečap

ketchup

senf

mosterd

majonezi

mayonaise

supermarket
supermarkt

specialno oferta
aanbieding
FOR
mušteriya
klant
thudeske butya
zuivelproducten
emiši
fruit
vordonoro
winkelwagen

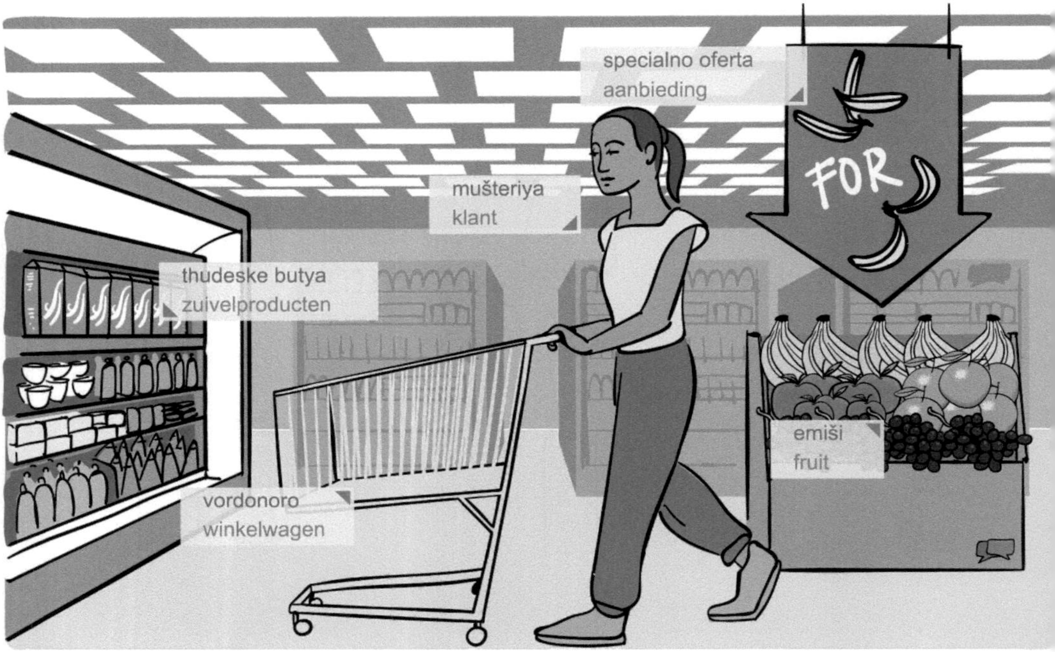

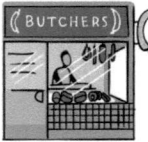

BUTCHERS

kasapi

slagerij

BAKERY

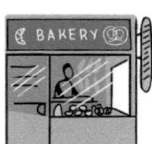

furuna

bakkerij

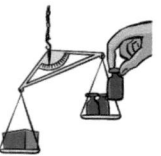

ladavipe

wegen

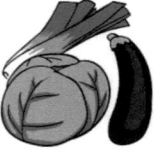

zarzavati

groenten

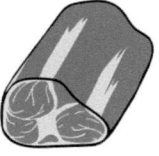

masesko rolati

vlees

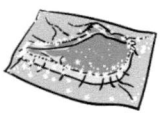

pahome habe

diepvriesvoedsel

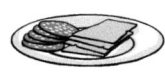

šudro mas

charcuterie

konzerva

conserven

thovimasko prašako

waspoeder

gudlimata

snoep

khereske butya

huishoudproducten

užarimaske butya

schoonmaakproducten

bikinutno

verkoopster

kasapi

kassa

kasieri

kassier

kinimaski patrin

boodschappenlijstje

putarimaske satura

openingstijden

lovengi tašna

portefeuille

kreditno kartica

kredietkaart

gono

tas

plastikano gono

plastieken zakje

pani

water

džus

sap

thud

melk

kola

cola

mol

wijn

bira

bier

alkohol

alcohol

kakao

cacao

čaj

thee

kafa

koffie

espresso

espresso

cappuccino

cappuccino

banana

banaan

phabaj

appel

portokali

sinaasappel

kavuni

meloen

limoni

citroen

karota

wortel

sir

knoflook

bambusi

bamboe

purum

ajuin

gaba

champignon

akhora

noten

humereske butya

noodles

špageti

spaghetti

rezo

rijst

salata

salade

čipsi

frieten

peke kompiria

gebakken aardappelen

pica

pizza

hamburger

hamburger

sendviči

sandwich

kotleti

kalfslapje

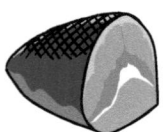

žamboni

ham

salama

salami

goja

worst

khajnako mas

kip

peko

braden

mačho

vis

popara

havervlokken

musli

muesli

kornfleks

cornflakes

varo

bloem

kroasani

croissant

masesko rolati

pistolet

maro

brood

tosti

toast

biskotia

koekjes

puteri

boter

urda

kwark

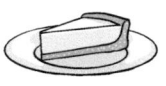

torta

taart

jaro

ei

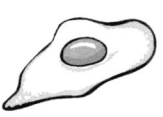

peke jare

spiegelei

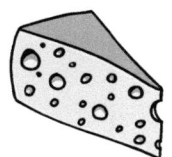

kiral

kaas

šudro gudlo

ijs

šekeri

suiker

avgin

honing

džem

confituur

čokoladaki krema

choco

kari

curry

farma
boerderij

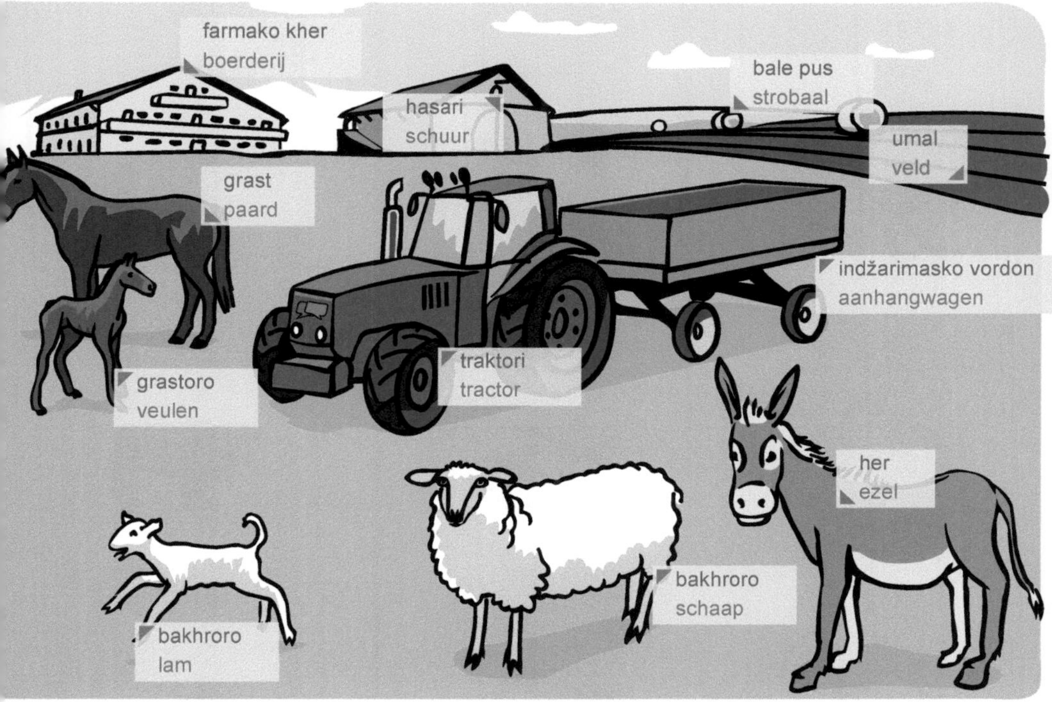

farmako kher
boerderij
hasari
schuur
bale pus
strobaal
umal
veld
grast
paard
indžarimasko vordon
aanhangwagen
traktori
tractor
grastoro
veulen
her
ezel
bakhroro
schaap
bakhroro
lam

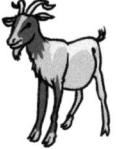

buzno

geit

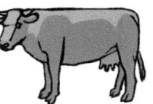

guruvni

koe

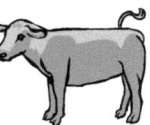

guruvoro

kalf

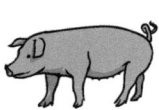

balo

varken

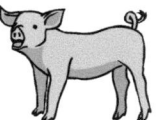

baloro

biggetje

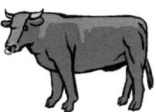

guruv

stier

papin

gans

payka

eend

pilička

kuiken

khayni

kip

bašno

haan

baro germuso

rat

bilika

kat

germuso

muis

guruv

os

džukel

hond

džukelesko kher

hondenhok

žardina

tuinslang

panyarimaski kanta

gieter

aindžako kidimasko alati

zeis

plugo

ploeg

srpo

sikkel

motika

schoffel

aindžaki vilyuška

hooivork

tover

bijl

vordonoro phiravutno

kruiwagen

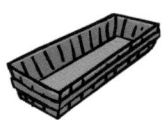

balani

trog

thudeski šiša

melkkan

harari

zak

trujalutni

hek

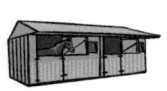

jahri

stal

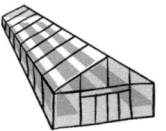

haryalo kher

broeikas

phuv

bodem

seme

zaad

gyubre

mest

aindžako kidipe

maaidorser

kidibe aindž

oogsten

harmani

oogst

phuvaki phabaj

yam

giv

tarwe

soja

soja

kompiri

aardappel

mumuruzi

maïs

šarlagani

koolzaad

emišengo kašt

fruitboom

Kasava

maniok

giveskere javinlukoja

graan

kher
huis

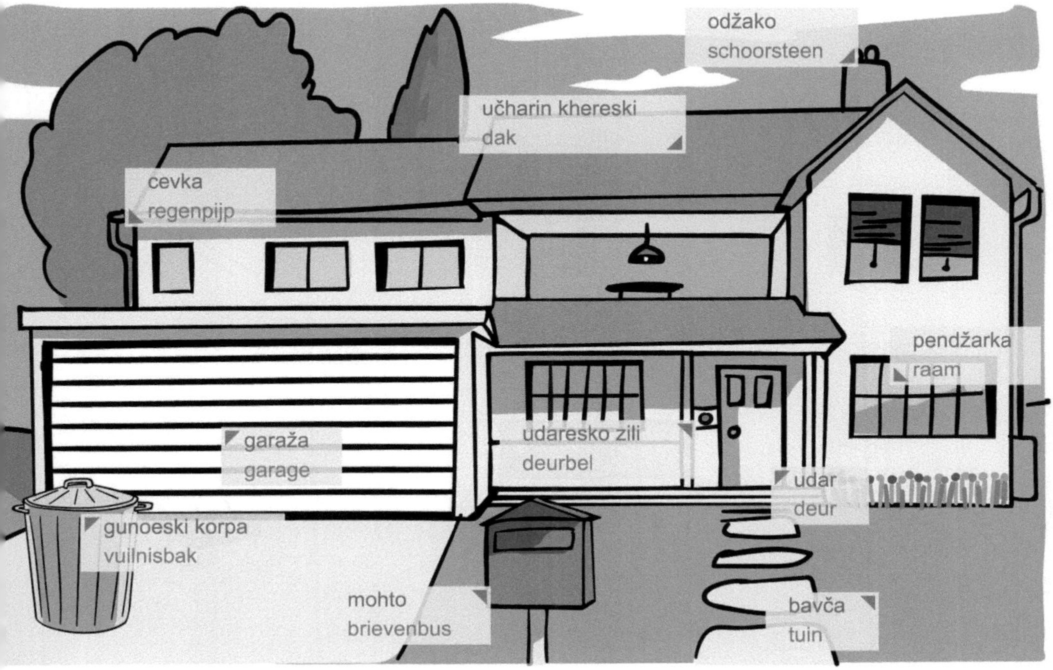
odžako
schoorsteen
učharin khereski
dak
cevka
regenpijp
pendžarka
raam
garaža
garage
udaresko zili
deurbel
udar
deur
gunoeski korpa
vuilnisbak
mohto
brievenbus
bavča
tuin

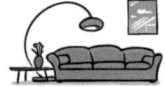

bešimaski kamara

woonkamer

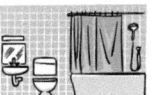

banya

badkamer

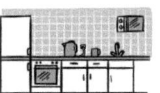

kujna

keuken

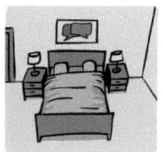

sovimasko than

slaapkamer

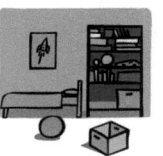

čhavengi kamara

kinderkamer

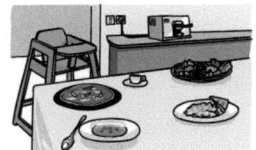

than hajbaske rakjako habe

eetkamer

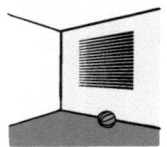

kati
vloer

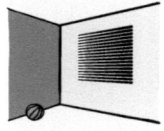

duvari
muur

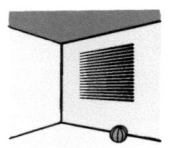

tavano
plafond

špajzi
kelder

sauna
sauna

terasa
balkon

terasa
terras

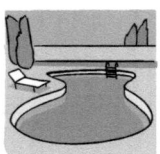

bazeni
zwembad

čar harnyarimaski makina
grasmaaier

patrin
dekbedovertrek

čaršafia
dekbed

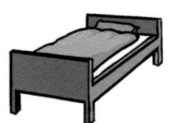

kreveto
bed

šulavni
bezem

korpa
emmer

elektrikani phabarin
schakelaar

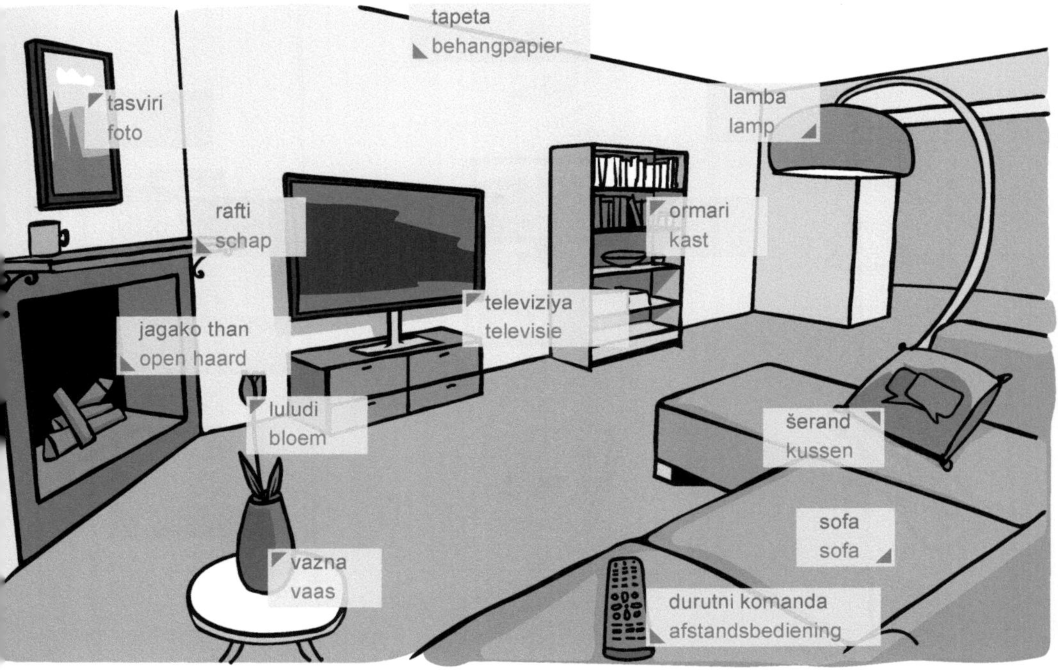

tapeta
behangpapier

tasviri
foto

lamba
lamp

rafti
schap

ormari
kast

jagako than
open haard

televiziya
televisie

luludi
bloem

šerand
kussen

sofa
sofa

vazna
vaas

durutni komanda
afstandsbediening

kilimi

mat

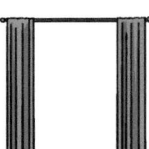

perde

gordijn

masa

tafel

sandaliya

stoel

kunajka sandaliya

schommelstoel

fotelya

fauteuil

lil

boek

kebe

deken

dekoraciya

decoratie

kašta phabarimaske

brandhout

filmi

film

stereo ašunimaske butya

stereo-installatie

nahtari

sleutel

gazeta

krant

frčaja bojakeribe

schilderij

posteri

poster

radio

radio

hramovimasko bloko

notitieboekje

elektrikani šulavni

stofzuiger

kaktusi

cactus

momoli

kaars

kujna
keuken

frižideri
koelkast
mikrodalgaki rerna
microgolfoven
kujnako kantari
keukenweegschaal
tosteri
broodrooster
detergenti
afwasmiddel
furna
oven
hor pahonimaski komora
vriesvak
gunoeski korpa
vuilnisbak
detergenti čarenge
vaatwasmachine

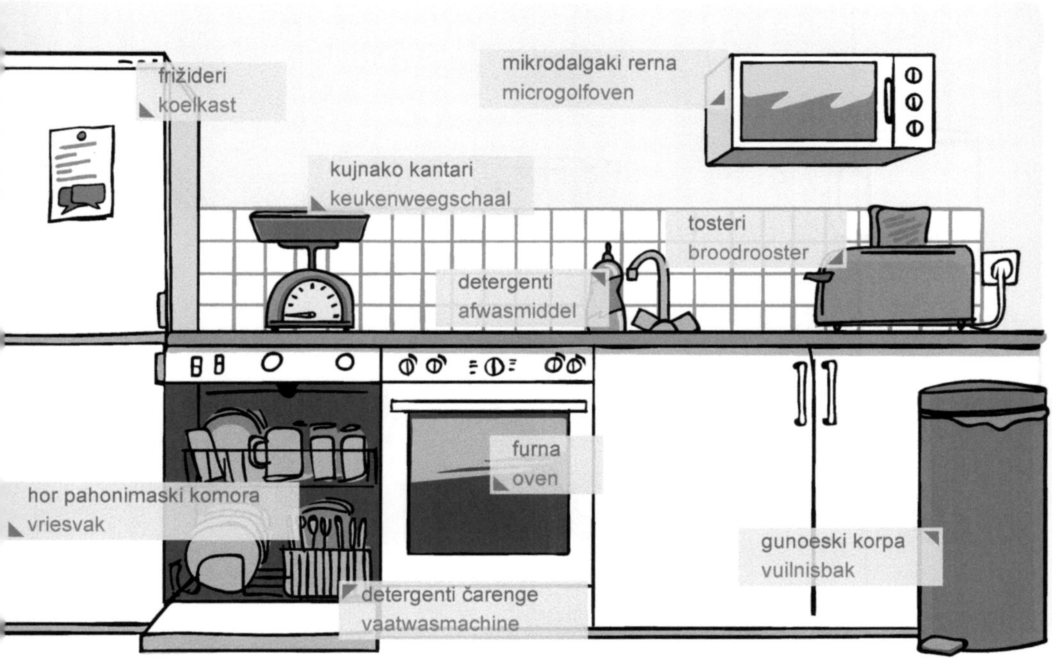

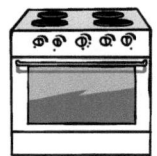

keravimasko than

fornuis

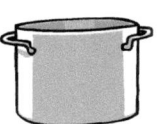

čaro

pot

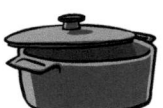

sastrnali tendžera

gietijzeren pot

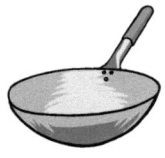

vok cihani

wok / kadai

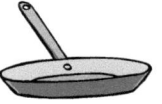

tava

pan

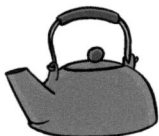

elektrikano bokali

waterkoker

tendžera ki para

stoomkoker

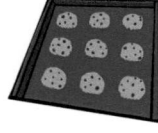

tepsija

bakplaat

čare

servies

bareder fildžano

mok

čaro

kom

kinakere habaskere kaštore

eetstokjes

fioka

pollepel

špatula

spatel

vastesko mikseri

garde

cedimasko čaro

vergiet

porizen

zeef

rende

rasp

avano

mortier

skara

barbecue

puteribe jag

haardvuur

čhinimaski tabla

snijplank

oklagia

deegrol

puterimasko alati

kurkentrekker

konzerva

blik

konzervako puterutno

blikopener

čaresko ikerutno

pannenlap

lavabo

gootsteen

frča

borstel

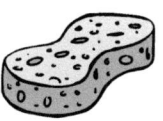

sungeri

spons

mikseri

blender

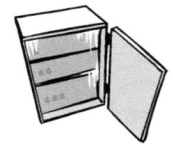

hor pahonimasko frižideri

vriezer

bebeski šiša

papfles

češma

kraan

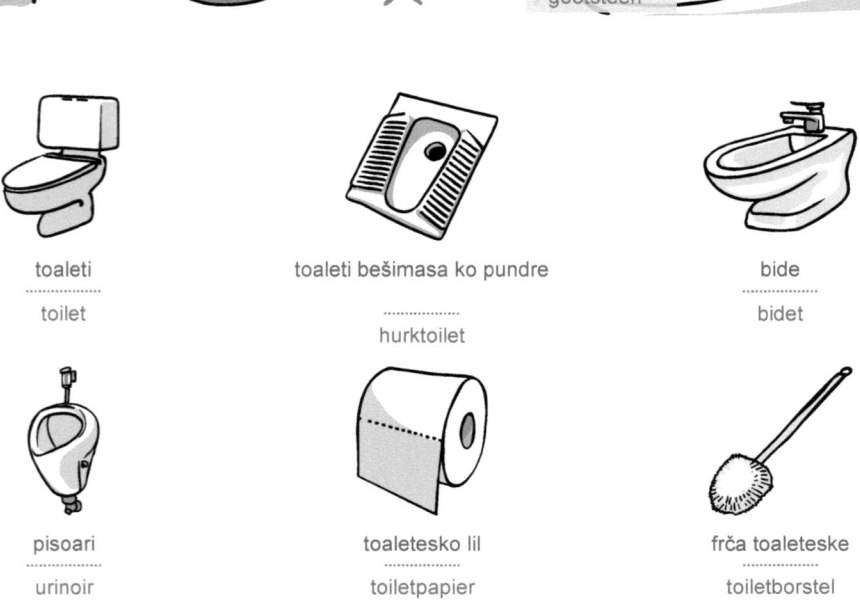

banya

badkamer

tataripe
verwarming
tuširibe
douche
peškiri
handdoek
tuširimaski perda
douchegordijn
nanyovibe sapuneske balonencar
bubbelbad
kada nanyovimaske
badkuip
tahtai
glas
makina thovimaske šeja
wasmachine
češma
kraan
pločke
tegels
turako
kinderpo
lavabo
gootsteen

toaleti

toilet

toaleti bešimasa ko pundre

hurktoilet

bide

bidet

pisoari

urinoir

toaletesko lil

toiletpapier

frča toaleteske

toiletborstel

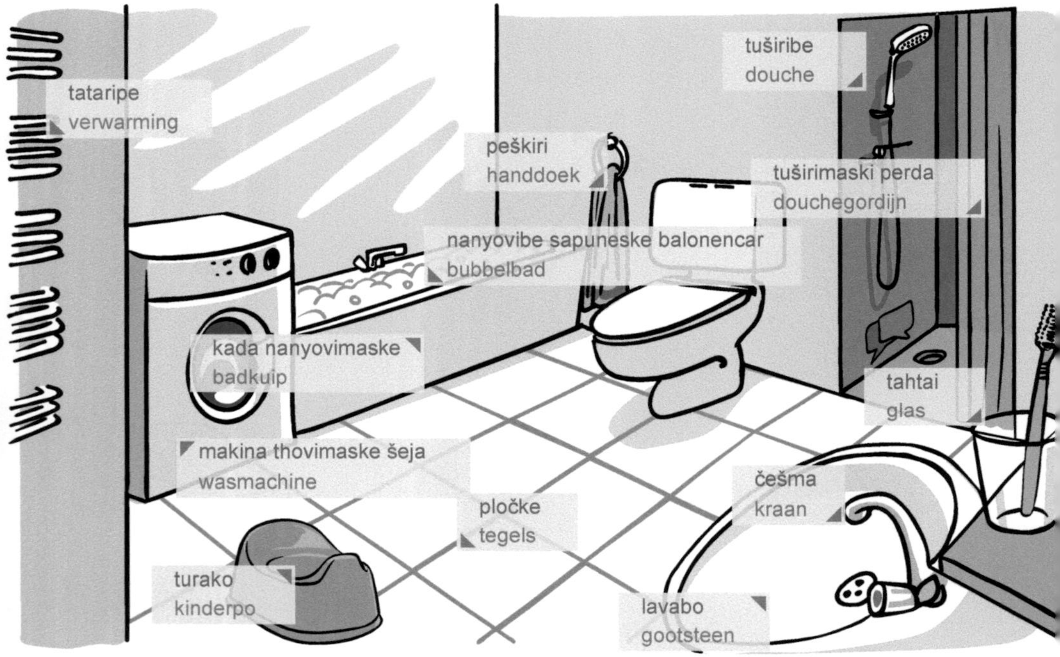

danda thovimaski frča

tandenborstel

danda thovimaski krema

tandpasta

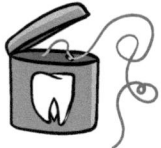

dandesko thav

flosdraad

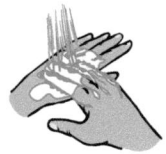

thovibe danda

wassen

vasteskoro tuši

handdouche

tuši

bidethanddouche

lavabo

waskom

dumeski frča

rugborstel

sapuni

zeep

tuširimasko geli

douchegel

šamponi

shampoo

flanela

washandje

kada ćidimaske pani

afvoer

krema

crème

dezodoransi

deodorant

ajna

spiegel

vasteski ajna

handspiegel

žileti moravimaske

scheermes

moravimaski pena

scheerschuim

palal muravimaski krema

aftershave

kanglik

kam

frča

borstel

feni balenge

haardroger

sprej balenge

haarlak

šminka

make-up

karmini

lippenstift

oja najenge

nagellak

pamuko pošom

watten

kata najenge

nagelknipper

parfemi

parfum

gono thovimaske

toilettas

sandaliya

kruk

tereziya

weegschaal

bademantili

badjas

gumena kalcunya

latex handschoenen

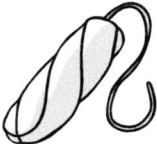

tamponi

tampon

toaletno lil

maandverband

hemikano toaleti

chemisch toilet

čhavengi kamara
kinderkamer

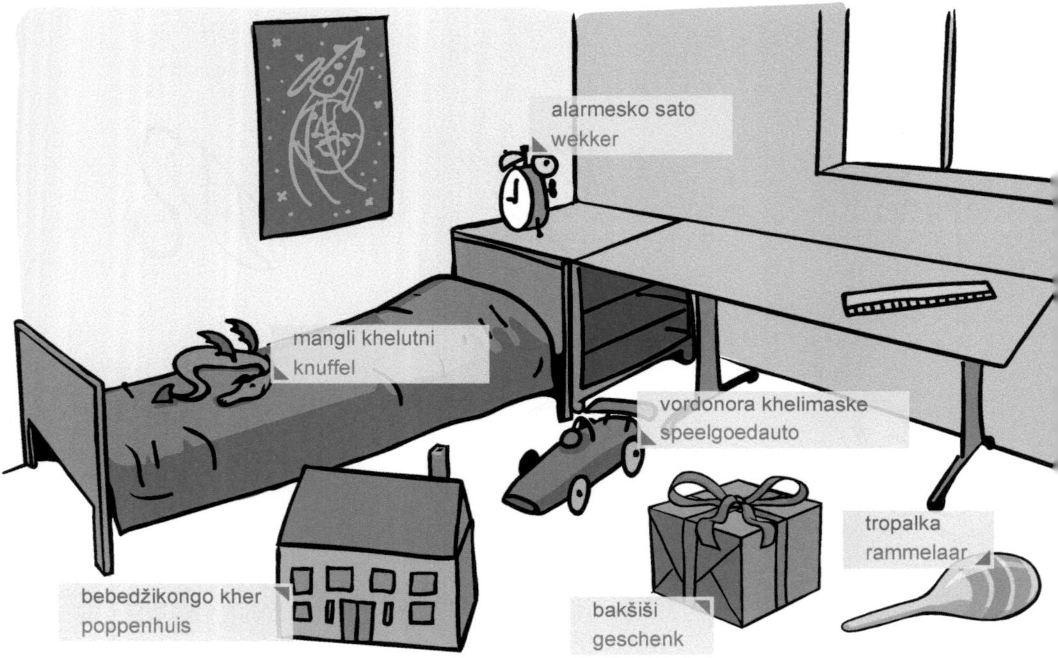

alarmesko sato
wekker
mangli khelutni
knuffel
vordonora khelimaske
speelgoedauto
tropalka
rammelaar
bebedžikongo kher
poppenhuis
bakšiši
geschenk

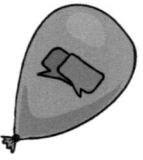

baloni

ballon

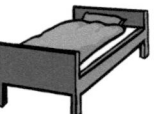

kreveto

bed

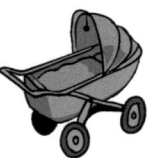

bebengo vordon

kinderwagen

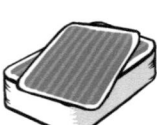

špili karte

spel kaarten

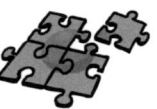

ker-rumin khelin

puzzel

SUPER MEGA

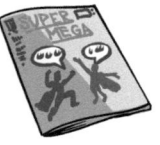

komikano lil

stripboek

lego kocke

legoblokjes

kocke khelimaske

blokken

akciaki figura

actiefiguur

bodi bebeske

kruippakje

frizbi

frisbee

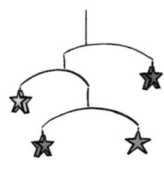

mobile

mobiel

masa khelimaske

bordspel

zari

dobbelsteen

pampuri khelimaske

modelspoorweg

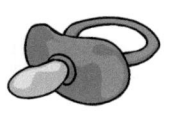

cucla

fopspeen

bahlana

feest

tasvirengo lil

prentenboek

topka

bal

bebedžiko

pop

khelibe

spelen

pošikako than

zandbak

kuna

schommel

khelimaske butya

speelgoed

konzola video khelimaske

spelconsole

triciklo

driewieler

poftaneski ričini

knuffelbeer

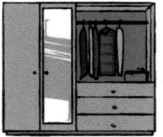

garderoba

kleerkast

šeja
kleding

kalcunya

sokken

khuvde kalcunya

kousen

hulahopke

maillot

momija
sjaal

čadori
paraplu

maica
T-shirt

kaiši
riem

čizme
laarzen

papuče
slippers

trenerke
sneakers

sandale
sandalen

menije
schoenen

gumena čizme
rubberlaarzen

sostenya
onderbroek

eleko
beha

jeleko
onderhemd

bodi
lichaam

pantalonya
broek

farmerke
jeans

suknya
rok

bluza
blouse

gat
hemd

puloveri
trui

dukseri
capuchontrui

harno kaputi
blazer

džeketi
jas

kaputi
jas

biršimdesko mantili
regenjas

kostimi
kostuum

fustano
jurk

prandinako fustano
trouwjurk

kostumi

pak

rakjako fustano

nachthemd

pižame

pyjama

sari

sari

momija šereske

hoofddoek

turbani

tulband

burka

boerka

kaftani

kaftan

abaya

abaya

nangyovimaske šeja

badpak

buxle pantolonya

zwembroek

harne pantolonya

short

sporteske trenerke

trainingspak

kecelya

schort

vasteske kalcunya

handschoenen

kopča

knoop

gjuzlukya

bril

belegziya

armband

mirikle

ketting

angrustik

ring

čeni

oorbel

stadik

pet

kaputeski čiviya

kapstok

stadik

hoed

kravata

das

patenti

rits

kaciga

helm

dandenge proteze

bretellen

školaki uniforma

schooluniform

uniforma

uniform

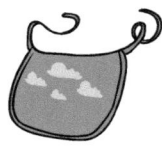

ligarka

slabbetje

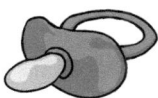

cucla

fopspeen

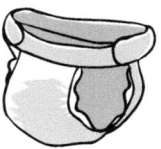

pherno

luier

ofiso

kantoor

serveri
server
raftija dokumentenca
dossierkast
printeri
printer
lil
papier
monitori
monitor
mausi
muis
masa butyake
bureau
folderi
map
tastatura
toestenbord
korpa čhudimaske lila
papiermand
kompjuteri
computer
sandaliya
stoel

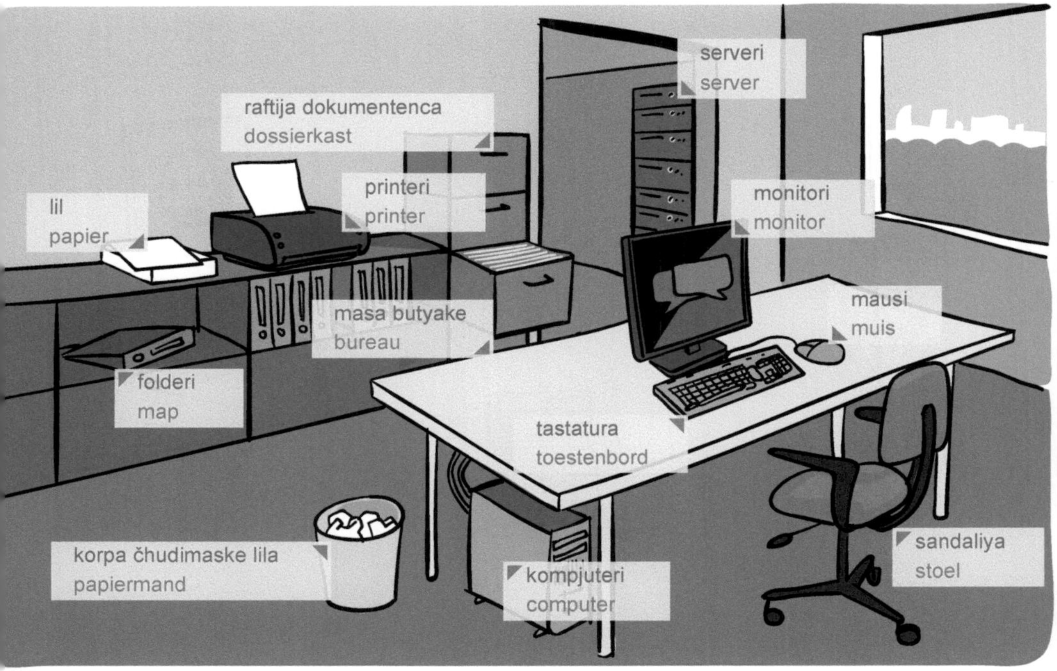

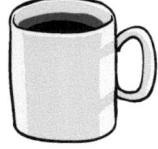

fildžano kafake

koffiemok

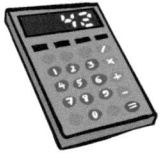

kalkulatori

rekenmachine

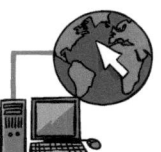

internet

internet

laptop

laptop

lil

brief

mesaži

bericht

mobilno telefono

gsm

netvorko

netwerk

kopirimaski makina

kopieerapparaat

softveri

software

telefono

telefoon

štekeri

stopcontact

faks makina

fax

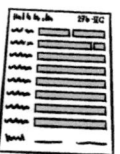

formulari

formulier

dokumento

document

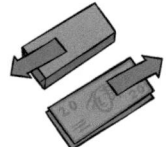

kinibe

kopen

pokinibe

betalen

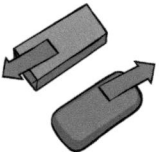

kino-bikinibe

handelen

love

geld

dolari

dollar

euro

euro

jeni

yen

rublya

roebel

švajcariako franko

Zwitserse frank

renminbi juan

Chinese renminbi

rupija

roepie

lovengo automati

geldautomaat

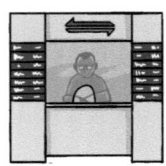

biro baši devize

wisselkantoor

somnakaj

goud

rup

zilver

petroli

olie

energia

energie

fiyati

prijs

kontrakto

contract

taksa

belasting

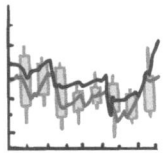

berzaki akcija

aandeel

butikeribe

werken

butyarno

werknemer

butyako dendutno

werkgever

fabrika

fabriek

dukyano

winkel

profesie
beroepen

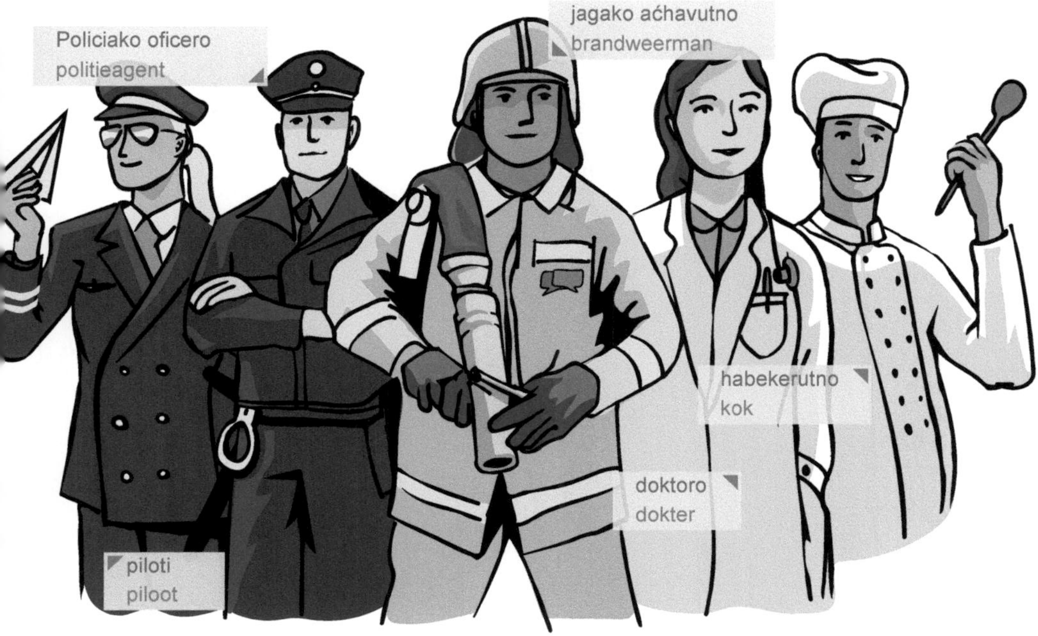
Policiako oficero
politieagent
jagako aćhavutno
brandweerman
habekerutno
kok
doktoro
dokter
piloti
piloot

bavčako butyarno

tuinman

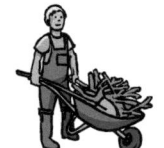

tišleri

timmerman

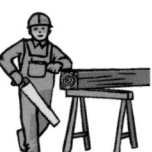

šnajderka

naaister

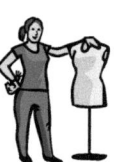

krisuno

rechter

hemičari

chemicus

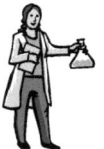

akteri

acteur

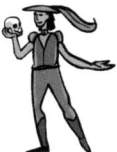

autobusesko šoferi

buschauffeur

taksisti

taxichauffeur

mačhengo astarutno

visser

užarutni

schoonmaakster

učharinengo kerutno

dakdekker

kelneri

ober

avdžija

jager

tasvirkerutno

schilder

furnadžia

bakker

elektrikako phirno

elektricien

tamirutno

bouwvakker

inžinjeri

ingenieur

kasapi

slager

panjesko butyarno

loodgieter

poštari

postbode

askeri

soldaat

arhitekto

architect

kasieri

kassier

luludyari

bloemist

frizeri

kapper

kondukteri

conducteur

mekanisti

mecanicien

kapetani

kapitein

dandengo saslyarno

tandarts

vigjanalo manuš

wetenschapper

rabini

rabbijn

imami

imam

rašaj

monnik

rašaj

geestelijke

alatia
werktuigen

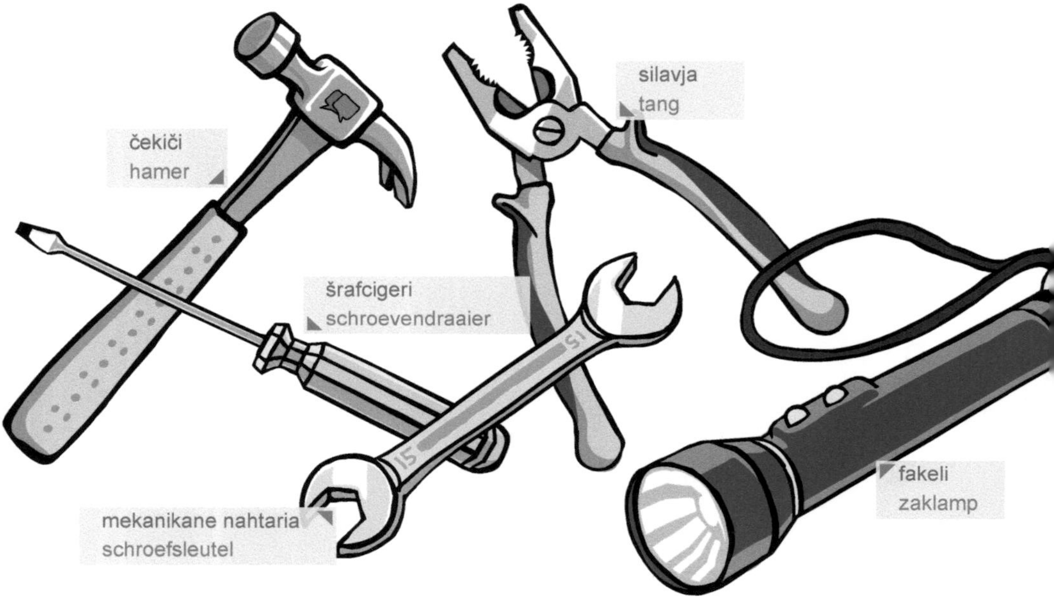

čekiči
hamer
silavja
tang
šrafcigeri
schroevendraaier
mekanikane nahtaria
schroefsleutel
fakeli
zaklamp

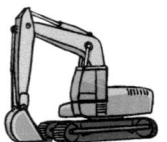

hrandimasko alati

graafmachine

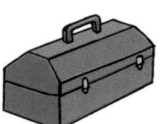

alateski kutia

gereedschapskoffer

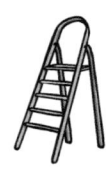

merdeveni

ladder

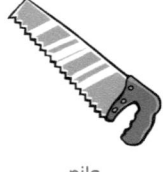

pila

zaag

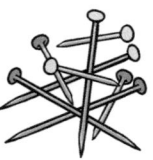

karfa

spijkers

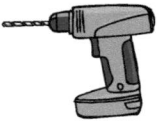

posavin

boormachine

lačharkeribe

repareren

lopata

schop

Naleti!

Verdomme!

vatrali

blik

lonco bojimaske

verfpot

šrafja

schroeven

muzikane instrumentia
muziekinstrumenten

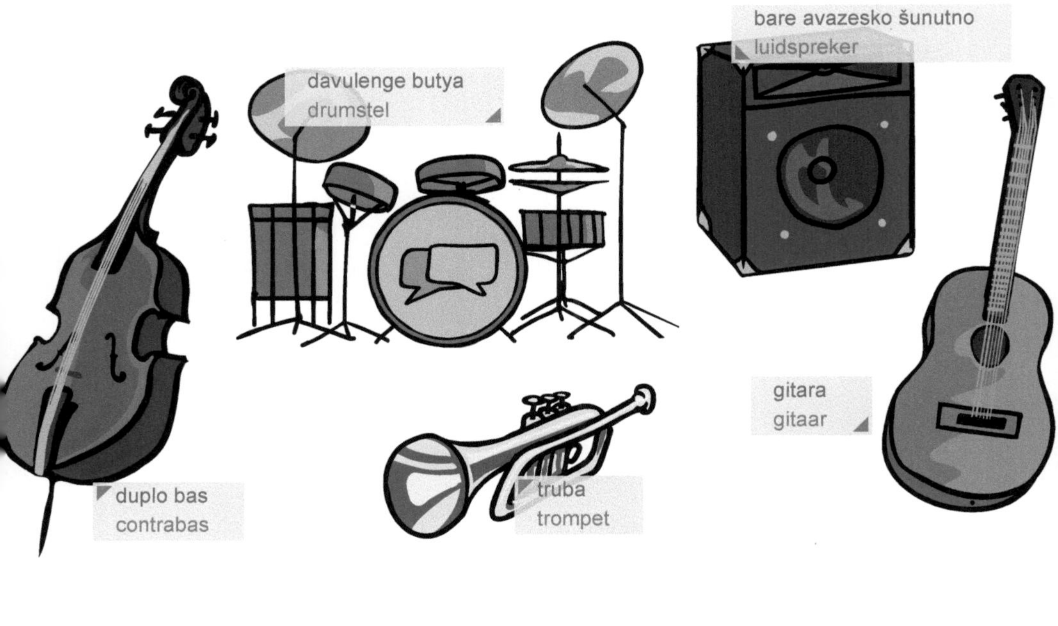

bare avazesko šunutno
luidspreker

davulenge butya
drumstel

gitara
gitaar

duplo bas
contrabas

truba
trompet

piano
piano

kemana
viool

bas
basgitaar

timpani
pauk

davulia
trommels

sintisajzeri
keyboard

saksafoni
saxofoon

flejta
fluit

mikrofoni
microfoon

khuvin
ingang

tigari
tijger

kafezi
kooi

zebra nakhimaski
zebra

hajvanengo parvaripe
diereneten

panda
panda

hajvania
dieren

elefanti
olifant

kenguri
kangoeroe

rino
neushoorn

gorila
gorilla

ričini
beer

kamila

kameel

ostriga

struisvogel

aslani

leeuw

majmuni

aap

flamingo

flamingo

papagali

papegaai

polarno ričini

ijsbeer

pingvini

pinguïn

ajkula

haai

pauno

pauw

sap

slang

krokodilo

krokodil

zoo arakhutno

dierenverzorger

foka

zeehond

jaguari

jaguar

poni
pony

leopardi
luipaard

hipo
nijlpaard

žirafa
giraffe

zorale kandžengi paškin
adelaar

bali
wild zwijn

mačho
vis

želka
zeeschildpad

morži
walrus

lumri
vos

gazela
gazelle

Amerikako fudbali
rugby

biciklizmo
wielrennen

tenis
tennis

basketboli
basketbal

nangjovibe
zwemmen

boksi
boksen

hokej ko paho
ijshockey

fudbali

voetbal

badmington

badminton

atletika

atletiek

vasteskoboli

handbal

skiibe

skiën

polo

polo

aktivitetia
activiteiten

asaibe
lachen
hutibe
springen
deibe angali
knuffelen
phiribe
wandelen
giljavibe
zingen
dikhibe suno
dromen
azirikeribe
bidden
čumibe
kussen

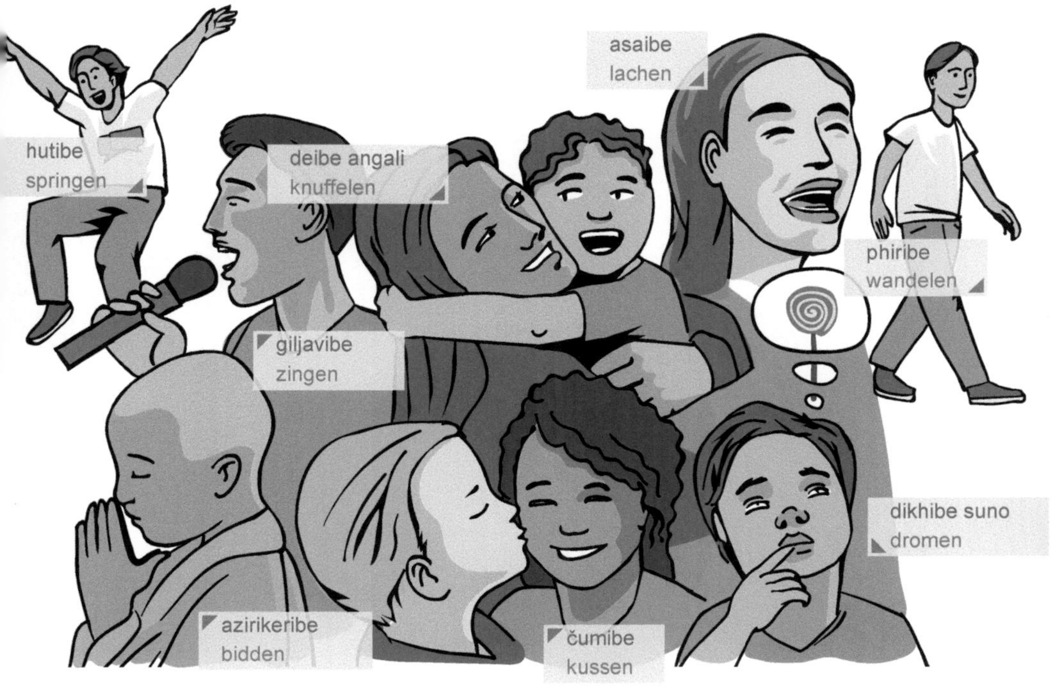

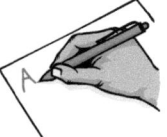

hramovibe

schrijven

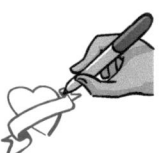

čitribe

tekenen

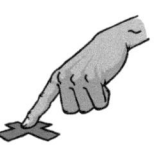

sikavibe

tonen

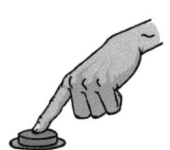

cidljaribe

duwen

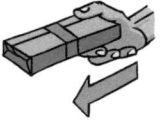

deibe

geven

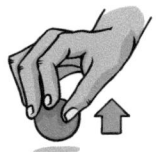

leibe

nemen

isibe

hebben

keribe

doen

te ovel

zijn

tergyovibe

staan

prastaibe

lopen

cidibe

trekken

čhudibe

gooien

peribe

vallen

hovavibe

liggen

adžikeribe

wachten

phiravibe

dragen

bešibe

zitten

urjavibe

aankleden

sovibe

slapen

džangavibe

ontwaken

dikhibe ko

kijken naar

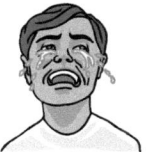

rovibe

wenen

čalavibe

aaien

uhlavibr

kammen

vakeribe

praten

haljovibe

begrijpen

puč

vragen

šunibe

luisteren

piibe

drinken

habe

eten

užaribe

opruimen

kamibe

houden van

keribe habe

koken

paldibe vordon

rijden

urjalibe

vliegen

aktivitetia - activiteiten

vaporea džaibe

zeilen

kalkulirin

rekenen

drabaribe

Lezen

sikljovibe

leren

butikeribe

werken

prandibe

trouwen

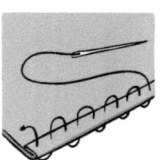

suvibe

naaien

thovibe danda

tandenpoetsen

mudaribe

doden

piibe dahani

roken

bičhalibe

sturen

mami
grootmoeder

papu
grootvader

dat
vader

daj
moeder

bebe
baby

čhaj
dochter

čhavo
zoon

misafiri

gast

bibi

tante

kako

oom

phral

broer

phen

zus

trupo

lichaam

čekat
voorhoofd
jakh
oog
piko
schouder
naj
vinger
muj
gezicht
vilica
kin
vast
hand
čuči
borst
pundro
been
musik
arm

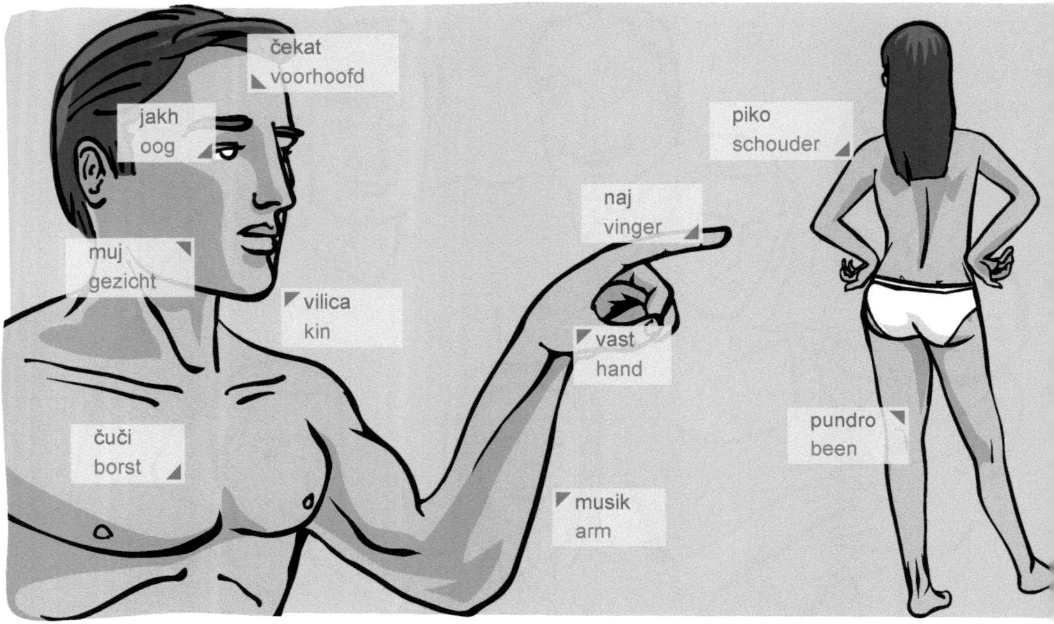

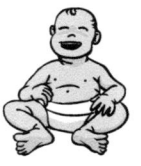

bebe

baby

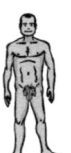

murš

man

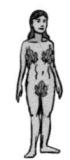

džuvli

vrouw

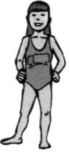

čhaj

meisje

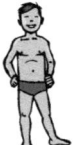

ćhavo

jongen

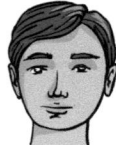

šero

hoofd

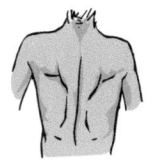

dumo

rug

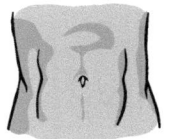

maškar

buik

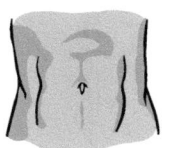

pupko

navel

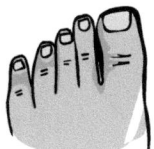

pundrenge naja

teen

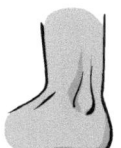

patum

hiel

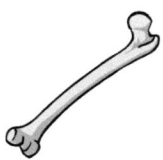

kokalo

bot

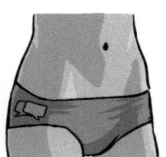

kuko

heup

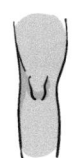

koč

knie

lahci

elleboog

nakh

neus

bul

zitvlak

mortik

huid

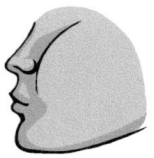

čham

wang

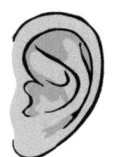

kan

oor

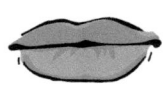

voš

lip

muj
mond

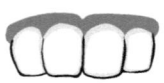

danda
tand

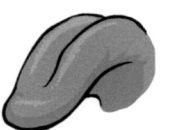

ćhib
tong

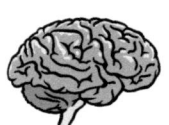

godi
hersenen

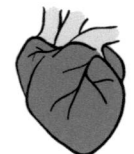

vilo
hart

muskulo
spier

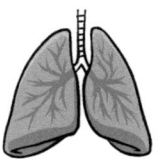

kolin
long

buko
lever

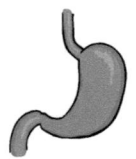

vogi
maag

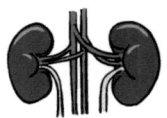

bubrekora
nieren

seks
seks

kondomi
condoom

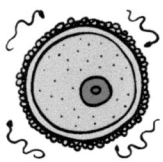

yarengi kletka
eicel

sperma
sperma

khamnipe
zwangerschap

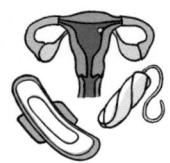

menstruaciya

menstruatie

vagina

vagina

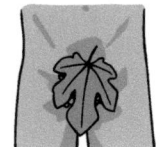

penis

penis

phov

wenkbrauw

bala

haar

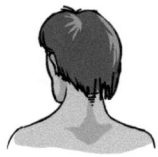

men

nek

hospitalo
ziekenhuis

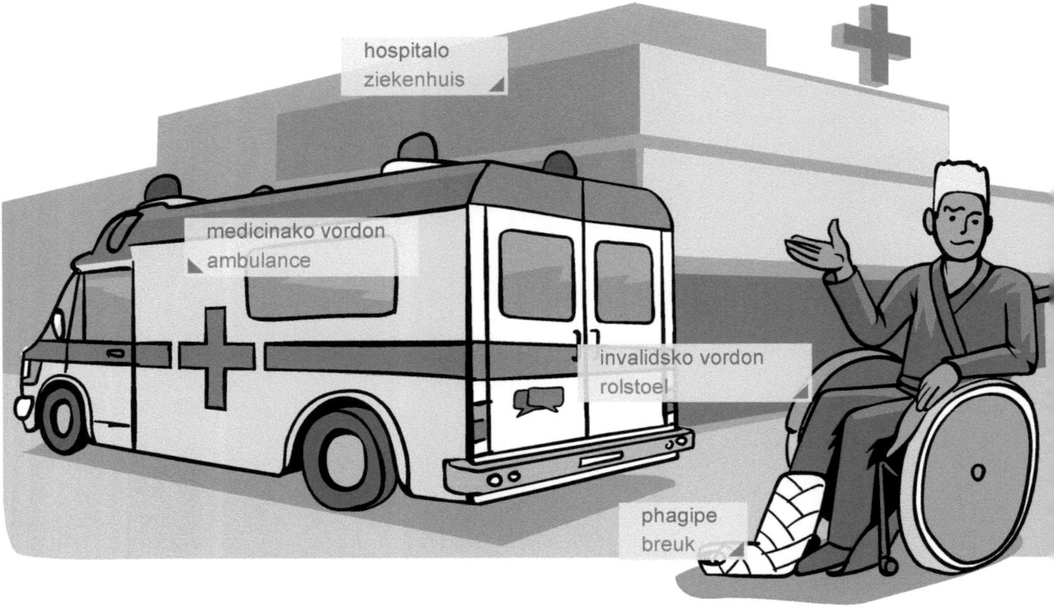

hospitalo
ziekenhuis
medicinako vordon
ambulance
invalidsko vordon
rolstoel
phagipe
breuk

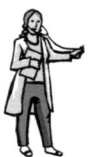

doktoro

dokter

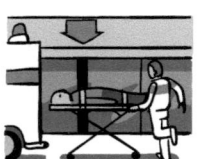

sigyarimaski kamara

spoed

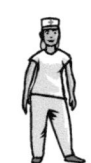

medicinaki phen

verpleegkundige

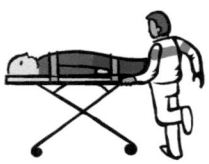

sigyaripen

noodgeval

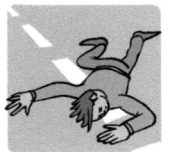

ki koma

bewusteloos

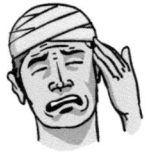

dukh

pijn

dukhavipen

verwonding

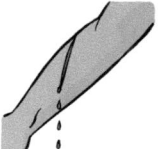

ratvaripe

bloeding

infrakto

hartaanval

šlog

beroerte

alergiya

allergie

khuinibe

hoest

tinanipe

koorts

gripa

griep

diyarea

diarree

šereski dukh

hoofdpijn

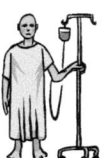

kanceri

kanker

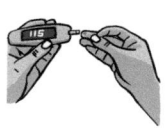

diyabetes

diabetes

operaciya

chirurg

skalperi

scalpel

operaciya

operatie

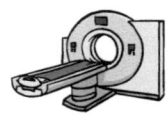

CT

CT

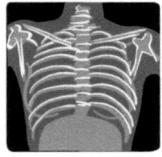

rentgen

röntgenstraal

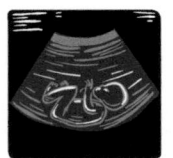

ultra avazo

ultrageluid

mujeski maska

gezichtsmasker

nasvalipe

ziekte

adžukyarimasko than

wachtkamer

paterica

kruk

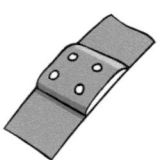

flastero

pleister

phandimaski gaza

verband

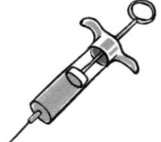

inyekciya

injectie

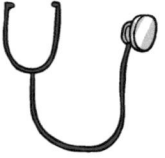

stetoskopo

stethoscoop

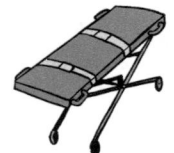

tregero

brancard

klinicko termometro

thermometer

biyanipe

geboorte

baro thulipe

overgewicht

ašunimasko aparato

hoorapparaat

dezinfekciako

ontsmettingsmiddel

infekciya

infectie

viruso

virus

HIV / SIDA

HIV / AIDS

medicina

medicijn

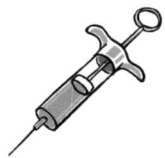

vakcinaciya

vaccinatie

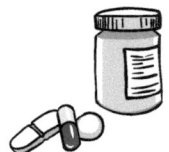

tabletura

tabletten

hapi

pil

sigyarimasko akharipe

noodoproep

monitori vaš učo pretisak

bloeddrukmeter

nasvalo / sasto

ziek / gezond

Mažutisar!

Help!

alarmo

alarm

atako

overval

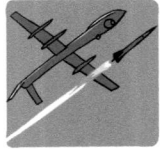

atako

aanval

dar buti

gevaar

sigyarimasko iklyovipen

nooduitgang

Bari jag!

Brand!

mamuj jagako aparati

brandblusser

bibax

ongeval

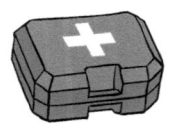

butya avgo ažutimaske

EHBO-kit

SOS

SOS

Policia

politie

Evropa

Europa

Utarali Amerika

Noord-Amerika

Purabali Amerika

Zuid-Amerika

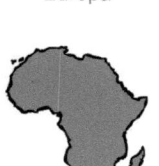

Afrika

Afrika

Azija

Azië

Australia

Australië

Atlantiko

Atlantische Oceaan

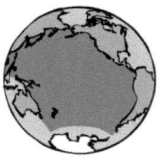

Pacifiko

Stille Oceaan

Indiako Okeano

Indische Oceaan

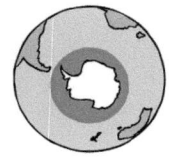

Antarktikosko Okeano

Antarctische Oceaan

Arktikosko Okeano

Arctische Oceaan

Utaralo poli

Noordpool

Purabalo poli

Zuidpool

Antarktiko

Antarctica

phuv

aarde

phuv

land

samudra

zee

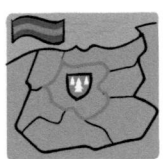

džaziri

eiland

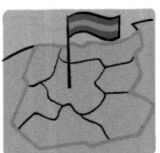

nacija

natie

raštra

staat

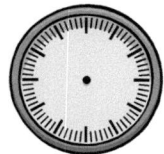

saatosko gendo

wijzerplaat

saatoski sikavni

uurwijzer

dakikongi sikavni

minuutwijzer

ekundarno saatoski sikavin

secondewijzer

Kozom si o saato?

Hoe laat is het?

dive

dag

vrama

tijd

akana

nu

digitalno saato

digitale horloge

dakika

minuut

časo

uur

Lujin
maandag **MO**

TU

Dujtodi
dinsdag

W trintodi
woensdag

TH

Štartodi
donderdag

FR Paraskin
vrijdag

Savato
zaterdag

SA

SO

Purano kurko
zondag

erati
gisteren

avdive
vandaag

tajsa
morgen

javin
ochtend

ekvaš dive
middag

blevel
avond

butyarne divesa
werkdagen

vikend
weekend

berš
jaar

biršim
regen
renkali badalin
regenboog
iv
sneeuw
bavlal
wind
anglonilaj
lente
palonilaj
herfst
nilaj
zomer
ivend
winter

4.APRIL 11°
5.APRIL 4°
6.APRIL 13°
7.APRIL 8°
8.APRIL 10°

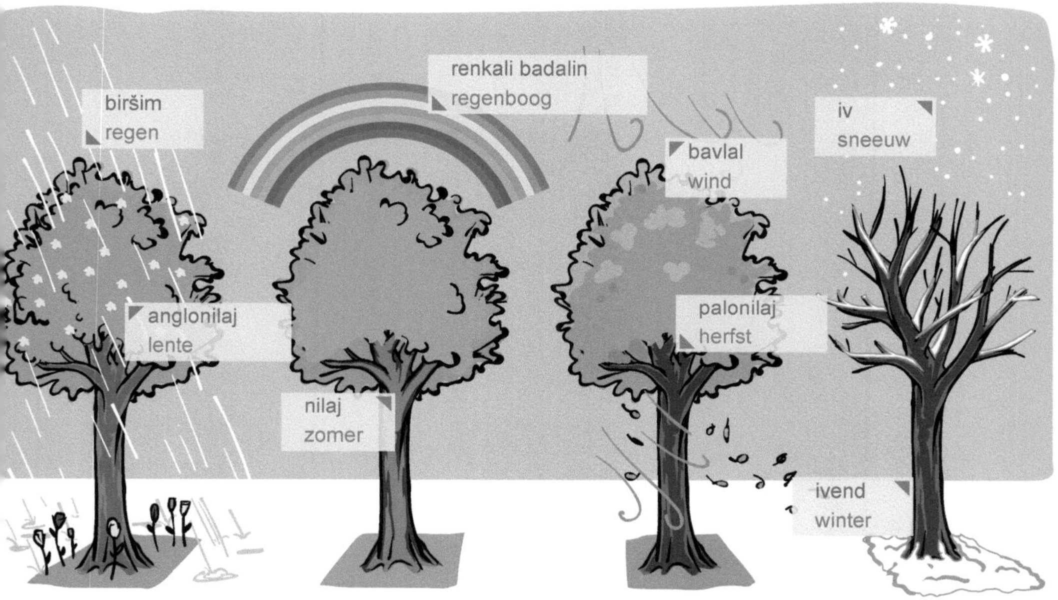

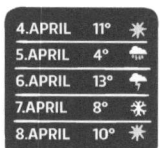

vramakoro vakeribe

weervoorspelling

F
C
120
90
60
30
0
-30
40
30
20
10
0
-10
-20

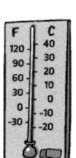

termometro

thermometer

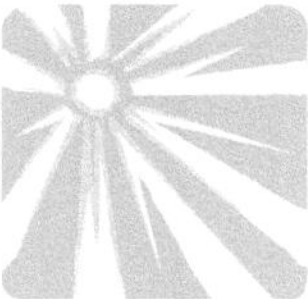

khamalo

zonneschijn

badal

wolk

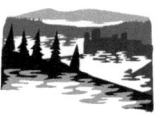

muhi

mist

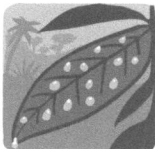

nemlime hava

vochtigheid

šemšekoja

bliksem

šemšekosko čalavibe

donder

bura

storm

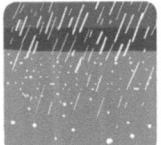

kijameti

hagel

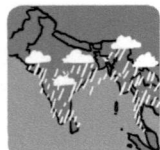

monsuni

moesson

baro pani

overstroming

paho

ijs

Januaro

januari

Februaro

februari

Marto

maart

Aprilo

april

Majo

mei

Juno

juni

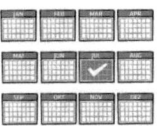

Julo

juli

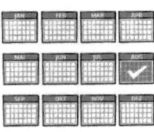

Augusto

augustus

berš - jaar

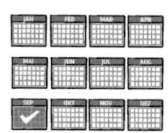

Septembro
....
september

Oktombro
....
oktober

Novembro
....
november

Dekembro
....
december

forme
vormen

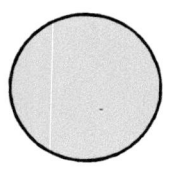

rota
....
cirkel

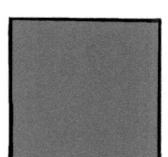

kvadrati
....
kwadraat

rektanglo
....
rechthoek

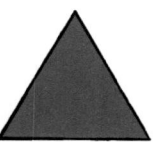

trianglo
....
driehoek

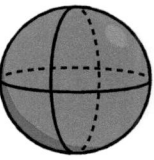

sfera
....
bol

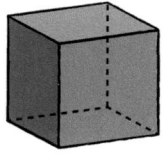

kocka
....
kubus

parni

wit

galbeno

geel

pomarandža

oranje

roze

roze

loli

rood

lila

paars

vunato

blauw

harjali

groen

kafeno

bruin

kuršumlija

grijs

kali

zwart

but / hari

veel / weinig

holjame / mudro

boos / kalm

šuži / bišuži

mooi / lelijk

starto / agor

begin / einde

baro / tikno

groot / klein

puterde bojako / phanle bojako

licht / donker

phral / phen

broer / zus

užo / melalo

proper / vuil

sahno / bisahno

volledig / onvolledig

dive / rat

dag / nacht

mulo / dživdo

dood / levend

buvlo / tank

breed / smal

hala pe / na hala pe

eetbaar / oneetbaar

džungalo / šukar

kwaadaardig / vriendelijk

bare vogjea / bi vogjea

opgewonden / verveeld

thulo / kišlo

dik / dun

avgo / paluno

eerst / laatst

amal / dušmani

vriend / vijand

pherdo / čučo

vol / leeg

zoralo / kovlo

hard / zacht

pharo / lokho

zwaar / licht

bokh / truš

honger / dorst

nasvalo / sasto

ziek / gezond

ilegalno / legalno

illegaal / legaal

godyaver / bigodyako

intelligent / dom

bajan / dahin

links / rechts

paše / dur

dichtbij / veraf

nevo / purano

nieuw / gebruikt

khanči / vareso

niets / iets

phuro / terno

oud / jong

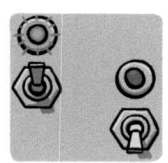

phabardo / ačhavdo

aan / uit

puterdo / phanlo

open / dicht

mudro / bare avazeskoro

stil / luid

barvalo / čorolo

rijk / arm

čačutno / došalo

juist / fout

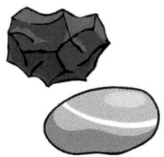

zoralo / kovlo

ruw / glad

mazuni / lošalo

droevig / blij

skurto / lungo

kort / lang

pohari / sigate

traag / snel

sapano / šuko

nat / droog

tato / šudro

warm / koud

mareba / sansari

oorlog / vrede

gende

cijfers

0

zero

nul

1

jek

één

2

duj

twee

3

trin

drie

4

štar

vier

5

panč

vijf

6

šov

zes

7

efta

zeven

8

ohto

acht

9

enja

negen

10

deš

tien

11

dešujek

elf

12

dešuduj

twaalf

13

dešutrin

dertien

14

dešuštar

veertien

15

dešupanč

vijftien

16

dešušov

zestien

17

dešefta

zeventien

18

dešohto

achtien

19

dešenja

negentien

20

biš

twintig

100

šel

honderd

1.000

milja

duizend

1.000.000

milioni

miljoen

Anglicko

Engels

Americko Anglicko

Amerikaans Engels

Kinesko Mandarinsko

Chinees (Mandarijn)

Indisko

Hindi

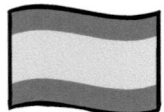

Špansko

Spaans

Francusko

Frans

Arapsko

Arabisch

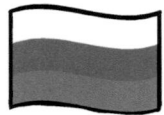

Rusko

Russisch

Portugalsko

Portugees

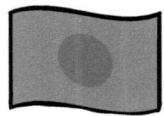

Bengalsko

Bengali

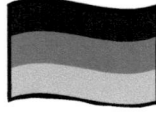

Nemicko

Duits

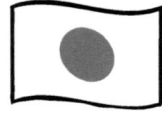

Japansko

Japans

thaj
ik

tu
u

ov / oj
hij / zij / het

amen
wij

tumen
u

ola
ze

ko?
wie?

so?
wat?

sar?
hoe?

kote?
waar?

kana?
wanneer?

anav
naam

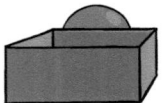

palal

achter

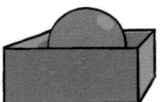

andre

in

anglal o

voor

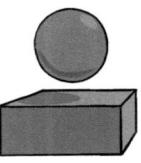

upral

boven

an

op

telal

onder

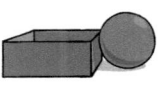

trujal

naast

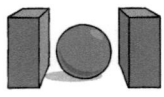

maškaral

tussen

than

plaats